DI SANTINA GULLOTTO

VERSI RIFLESSI...

Finito di stampare Agosto 2016

ISBN- 13: 978-1537144160

ISBN- 10: 1537144162

Stampato negli stati Uniti D'America

AMAZON

4

DEDICA

Alla forza che fa riemergere in ogni circostanza ...a chi nelle avversità non molla la presa ma continua la strada anche se in salita...a tutti quelli che hanno percepito e apprezzato la mia arte ....

Agli amici veri...agli affetti puri non contaminati dalle scorie di cattivi sentimenti...

Alle emozioni che siano il riflesso della verità...

Autobiografia....

Randazzo paese magnifico ai piedi del maestoso Etna, situato nella valle dell'alcantara tra i Nebrodi e i verdeggianti paesi Etnei, come un giardino fiorito i suoi panorami non deludono mai. Cittadina medievale ricca di storia e di chiese antiche, chiamata una volta il paese dalle cento chiese, alcune di esse costruite dai Saraceni con enormi blocchi di pietra lavica tagliata a mano, visitata da turisti di tutto il mondo. Con la passione di sempre per la pittura, ho riempito le pareti della mia casa, con dei quadri olio su tela fatti da me che rappresentano i vari paesaggi che mi circondano. Amo la lettura e la poesia. Ho cominciato a scrivere alcune poesie all'età di trent'anni, il maggior numero in questi ultimi anni molto dolorosi della mia già travagliata vita. Ho scritto la storia della mia vita. (L'onore e la dignità e le nuvole che corrono). Spero di avere prima o poi la possibilità di pubblicarli. Fino l'età di diciotto anni ho vissuto a Randazzo, sposata poi mi sono trasferita per nove anni a Catania dove lavorava mio marito Franco, lì sono nati i miei tre figli, Davide, Cinzia e Alessandro. Sono tornata ad abitare a Randazzo nella stessa casa dove abitavo da ragazza e vi abito tutt'ora con la famiglia e la mia unica nipotina Miriam. Ho svolto il mio lavoro di sarta sempre in casa, per seguire meglio la famiglia, ho confezionato abiti personalizzati disegnati da me anche da uomo e da sposa. Amo cucinare e la buona cucina, ho realizzato alcune ricette inventate da me ed ho rivisitato le ricette della nonna modernizzandole, riscuotendo l'approvazione dei giovani amici miei e dei miei figli. La mia poesia nasce dalla mia vita intensa e piena di non poche sofferenze, che come un fiume in piena mi hanno travolto ma non mi hanno distrutto e la fede in Dio mi ha fatto sempre superare; ho trasformato il mio dolore in versi, senza perdere mai la speranza. Ho pubblicato diverse poesie su antologie "Autori vari" per selezione con la "ALETTI EDITORE". Con "POETI E POESIA" casa editrice "PAGINE" sono stata tra gli otto poeti scelti da Elio Pecora sulla rivista "Poeti e poesia". Ho partecipato alla realizzazione, dell'E-BOOK 125 Poeti contemporanei, sull'antologia "Attimi" sono pubblicate 4 delle mie poesie. Con la "GB EDITORIA" in "VERSI PER UN TERRITTORIO" ci sono pubblicate tre delle mie poesie per merito selezionate tra quelle inviate... ho partecipato con tre delle mie poesie alla realizzazione di un saggio "CIO'CHE CAINO NON SA" Si tratta di una trilogia ...il secondo volume uscirà a Novembre 2015 La poesia "MI RIFUGIO NELSILENZIO" è stata inserita per aver superato la prima selezione del concorso ALDA MERINI .....nell'antologia "ALDA NEL CUORE".... già edita....Ho per questo ricevuto attestato di merito e targa d'argento.. Ho pubblicato la mia prima silloge dal titolo "IL BUIO E LA LUCE" per merito selezionata dalla casa editrice "FRANCESCO URSO" nel concorso "LIBRI IN DIVERSI LIBRI". Ho partecipato con delle poesie e brani alla realizzazione del secondo volume dell'antologia "CIO' CHE CAINO NON SA"...che sarà una trilogia..

Ho pubblicato "NUVOLE CHE CORRONO" libro di racconto, saggistica, attualità...e poesie

Silloge di poesie "LE ALIDEL CUORE" "IL VARCO DEI SOGNI" ...Un libro di Narrativa "L'ONORE E LA DIGNITA'

Alla natura che ci dona il più grande degli spettacoli allietando così la vita, riempiendola di luce e di calore.....

VITA.

Punto nell'infinito…
Evanescente momento,
sublime dolce,
anche se nel contempo,
dolorosa e tagliente…
Ora immersa nel fango,
ora adagiata su petali di rosa…
Il Divino al suo meglio
il posto al sole t'ha dato,
ma l' umano corrotto
nel fango t'ha trascinato….

La vita di un essere vivente è un piccolo puntino di fronte all'universo, non sempre è bella limpida e pulita; anche se Dio le aveva dato un posto d'onore, la corruzione umana l'ha resa difficile, dura ed ingrata.

STRADA ASSASSINA.

Tu che falci la vita ogni giorno,
senza guardare in faccia nessuno...
La tua grande gola spalanchi
e t'inebri di vecchie e giovani vite,
e li fermi per sempre sul loro cammino...
Il motore rombante li prende
con l'incosciente voglia di corsa,
nella giovane vita che del fuoco
che incendia la mente,
ne fa progetto di vita ...
E nell'euforia si perde
e svanisce la vita,
la vita acerba di sogni e d'illusioni...
Famiglie distrutte
dalla strada assassina,
che non riusciranno più a sperare,
che non sapranno dove trovare
la forza per ricominciare...
Si è svegliata un'altra mattina
privata ancora di giovani vite,
di madri che piangono i figli,
rapiti dalla vita senza un vero motivo,
e di padri che non se ne
faranno mai una ragione...

Ai sentimenti che si scontrano inevitabilmente dentro di noi, scatenando rabbia e risentimento, ma che vanno tenuti sotto controllo dalla ragione...sostenuta dalla fede...

LA RABBIA E LA RAGIONE.

S' innalza l' onda,
imperversa la bufera…
Un lampo squarcia la notte scura…
Il cielo sanguina, con la sua ferita.
Forti gocce picchiano,
il capo si china…
Un brivido di ghiaccio
attraversa il corpo,
che trema spaventato
per tanta onda vana…
Si piegan le ginocchia,
si congiungono le mani,
il cuore si apre per pregare Dio…
Ed ,è miracolo!
S'intravede il giorno.
A scaldare il viso i tiepidi raggi del sole,
si fa giorno in tutto il suo splendore,
sparisce la rabbia
fa posto alla ragione…..

IL BUIO NELLE TENEBRE.

Sembrasti luce, al tuo primo apparire,
restai abbagliata e mi schiantai il cuore…
Sembrasti amore eri solo odio,
mi sentii scaldata ma mi gelasti il cuore…
Sembrasti pace, ma eri solo guerra,
e di corazza mi dovetti armare,
non c' era acciaio che mi parasse i colpi,
qualsiasi lega riuscivi a penetrare.
Sembrasti forza e mi aggrappai,
eri solo un miraggio e non ti trovai.
Sembrasti gioia, annegai nel dolore;
io che di ridere non smettevo mai.
Eri il buio nelle tenebre
solo un miracolo, mi poteva salvare.
Dentro me stessa, la forza dovevo trovare….

L'apparenza inganna, e spesso ci porta a vivere la nostra vita con persone che crediamo diverse e migliori, ma proprio per questo finiamo col vivere come se fossimo soli e dovendoci sempre difendere; solo trovando la forza dentro di noi riusciremo a sopravvivere, anche se non felici, almeno in pace con noi stessi.

GLI SQUILIBRATI DEL 2003.

Il caos invade la terra,
s' insinua in ogni fessura,
non esiste più la vergogna,
il pudore è messo alla gogna…
Chissà tornerà sotto il sole
l' innocente sorriso di un bimbo?
Che confuso ti guarda e
non intente tutto ciò che lo circonda…..
Chi ha messo così questo mondo?
Che in un grande euforico scontro,
ha generato gli ….
Squilibrati del fondo…

Il 2003 è stato l' anno che più di ogni altro ha messo in evidenza lo squilibrio di molti principi, facendo perdere il pudore. Ogni cosa si cominciava a spacciare per lecita anche la più vergognosa; tornerà di nuovo la semplicità e l'onestà? La risposta è:- che la causa e la responsabilità, del modo di vivere di questa nuova generazione è proprio la nostra, dando origine a nuovi ragionamenti di comodo.- E non sarà facile per niente tornare indietro

VIVI FARFALLINA.

Un' ombra passa,
il viso si fa scuro,
adesso è duro,
ma c' è stata la dolcezza…
Tra i fiori vaghi
cercando sicurezza…
I tuoi colori
confondi con il prato.
Non farti uccidere
dall' amaro della vita,
non farti abbagliare
da quel sole che ti sembra,
è solo il riflesso
di uno specchio all' ombra.
Vola felice vivi farfallina,
verso quel fiore
che sempre ti aspetta;
anche se non sembra
è la tua grande certezza…….

COME UNA FOTOGRAFIA.

Abbozzi quel sorriso,
sul viso senza gioia,
quando ti metti in posa
per quella foto estiva...
L'azzurro coperto dalle nuvole
di quell'inevitabile tempesta...
Appari dolce e mite con la gioia
che brilla lì negli occhi
gli angoli della bocca
tradiscono il sorriso...
In fondo è parvenza
semplice un'illusione
qualcosa di non vero
come una fotografia...

QUESTO TEMPO.

Dov' è la dolcezza
dov'è la purezza
dove sei poesia
di un tempo passato
dov'è la tua candida anima…
Quell'amore pulito
a cui tanto anelavo
è solo nell' aria
memoria di ciò
che non torna…
Questo tempo non mi cambia
non sarò la sua schiava
prigioniera si…..
Ma i miei pensieri
non potrà cancellare…

IL TEMPO DI RICOMINCIARE.

Ricomincerò dove ho lasciato la mia vita..
Ricomincerò perché per me non è finita
ricomincerò perché mai è troppo tardi….
Io riprenderò in mano tutta la mia vita
senza paura di sbagliare,
senza paura di annegare
in quell'oceano di dolore
che hai saputo costruire……
Io ricomincerò volando verso l'infinito
ricomincerò guardando tutta la mia vita
per non cadere come prima
in quell'abisso di tristezza
che con il vento e la tempesta
strappano la gioia dentro il cuore…
Io ricomincerò nella luce e l'infinito
io ricomincerò senza cadere in questo errore……
Ho un unico rimpianto….
Non poterti salvare da te stesso.
Ma io lotterò costasse tutta la mia vita…
E se non in questa vita…
Io rinascerò senza le mie contraddizioni
per la gioia di cantare, di sorridere e gioire
per ammirare l'aurora
di un'altra vita senza fine...

PAURA E FOLLIA.

La paura di perdere tutto
la voglia di avere tutto per se
di togliere agli altri ogni cosa
alimentando pensieri di contorta follia
cancellando i principi di sana condotta
di vita normale, di vita che vive
di sana ragione e di giusti pensieri…
La folle e diabolica mente
s'illude di non esser scoperta
s'illude di poter controllare ogni cosa
ogni possesso ogni persona…
Se l'ami sarai la sua vittima
se lo lasci sarai la sua preda
la povera preda che fugge
sapendo che ad ogni angolo buio
la sua trappola è pronta a scattare…
E, vivi ogni giorno fuggendo
da quel folle che non ti vuol lasciare
non ti vuol lasciar respirare
ne vivere ne lasciarti sperare…
Rafforza la tua debole fede
è l'unica che ti può aiutare
a non aver paura di quel folle
che la tua libertà non ti vuol ridare…

L'esistenza infinitamente complicata e semplice nello stesso tempo.. con le sue infinite sfaccettature....oggi ancora più difficile da definire .... sempre enigmatica ricca di sfumature nel suo misterioso percorso in ognuno di noi....

PICCOLE COSE CHE FANNO LA FELICITÀ

Al mattino dopo una notte tempestosa
i tiepidi raggi del sole che sorge
illuminano e scaldano il cuore....
Le viole le primule gialle
nel giardino ricamano il verde.....
Sulla tavola a pranzo il pane caldo
col suo profumo riempie la vita...
Nel cortile l'abbaiare festoso del cane
che aspetta di giocare con te...
Al tramonto il cielo colorato di rosa...
sembra vestito a festa per te
che lo guardi con gli occhi del cuore...
e lo porti nei sogni con te....

ORIZZONTI

Orizzonti disegnati e brillanti
paesaggi sfocati
sui fianchi dei monti...
dal vapore che sale
mentre il sole tramonta...
coi suoi raggi caldi
in questo Gennaio
che sa solo di Maggio.
Trame nere disegnano un cielo
azzurro e cinereo
E gli ultimi raggi
che fan brillare la neve
in una luce quasi accecante
lì sulla sommità Etnea
dove alberga per tutto l'inverno
il candore non è più immacolato
com'era nel tempo passato....

SE TI PERDI

Se ti perdi per strade campestri...
se ti perdi per strade percorse...
se ti perdi e non trovi ritorno
su quei passi cancellati dal tempo...
Se ti perdi per le strade del cuore
e nell'anima perdi il respiro..
non ritorni col flusso del sangue
che irrora ogni piccola parte
di un corpo disfatto e stanco...
il suo corso non smette
neanche un'istante
finche vita gli scorre dentro...
Se non senti il richiamo del tempo...
di quel tempo trascorso vissuto nel sogno
non ritrovi nemmeno te stessa ...
ti perdi per le strade del mondo....

TRAME NERE

Trame nere disegnano il cielo
nel tepore del pallido sole
in un inverno che fa primavera...
Della neve appena disciolta
resta solo una piccola traccia
La sui monti e sui fianchi Etnei
Imbiancata la nera roccia
brilla al sole accecante
a quel sole che non si stanca
nel percorso naturale del tempo
obbedendo al disegno Divino
non come l'umano incosciente...
che distorce a suo piacimento
il percorso naturale di sempre....

27

LASCIA CHE RESPIRI

Lascia che respiri la vita
lì nella nebbia assopita
lascia che si scaldi al timido sole d'inverno
che accoglie sospiri nel vento...
Lascia che alla fine del giorno
possa dar posto ad un sogno
che abbia almeno un pò di colore
anche se svanirà alla luce del sole
Lascia al mattino la sua energia
che contagi ogni piccola parte del cuore
per non tornare ancora una volta
a rimpiangere qualcosa
ormai morta e sepolta....

RAMI RINSECCHITI

Rami rinsecchiti
lì contro il cielo
che sul suo azzurro
ha steso un velo
non sopporta più
di questo mondo
la vergona del pudore
messo alla gogna.....
E si rabbuia tornando
poi al mattino a rischiararsi
per cercare un usignolo
che possa posarsi
su quei rami neri,
rinsecchiti e stanchi
per intonare ancora
i suoi melodiosi canti
per accarezzare
un ramo che fiorisce
e far sì che tutto non finisse
in questo mondo che ti tradisce...

RISVEGLIO

Il tiepido sole risveglia
un ramo ingiallito dal tempo
i graffi del freddo inverno
segnano come ferite il suo tronco....
ma nulla muore per sempre ...
L'amore che valica i monti
che riempie il più buio universo
nello spazio infinito e nel cosmo
dove alberga una semplice e dolce armonia
nel silenzio che sovrasta ogni cosa
prende vita una melodia...
e si posa fin qui sulla terra
a scaldare la verde natura
e dal ramo ingiallito e ferito
una gemma rosa si affaccia
Il risveglio della natura
e i rami si vestono a festa
per ricordare il Cristo risorto
che la pace ci ha dato insieme alla vita
che sarà con noi in Eterno....

S. VALENTINO SIA

Se del vero amore
se ne prende beffa...
Se del dolore
se ne riempie il cielo...
se del perdono
se n'è perso il senso...
Se in ogni giorno
si scopre un inganno...
Se dei sentimenti veri
se ne ha vergogna...
se del sentirsi persi
nel vivere dell'altro
un S. valentino
oramai vuoto e falso...
Serve solamente a far
baldoria e festa...
Visto che è tutto una bugia
S. Valentino sia....

LA STRADINA CAMPESTRE

La stradina campestre
dai due viottoli marcati
dalle ruote dei carri
che da li son passati...
E al centro come aiuola
la tenera erbetta
calpestata dagli zoccoli
del mulo che trainava il carretto...
Quei due viottoli antichi
non ancora violati
dal catrame che
a raso li avrebbe portati...
La stradina campestre
testimone silente
di un sano passato
che si dissolve nel tempo...

QUEL MOSTRO CHE UCCIDE.

Quel mostro non conosce
né regole né legge
l'essenza del pensiero
di chi ha una volontà di ferro
con fievole speranza si fa contro...
Lotta impàri, il fragile equilibrio
dell'esile corpo provato
ancora, dalla malattia...
Le frasi d'apparente convenienza
non alleviano né paura né dolore...
"Dov'è la tua fluente chioma?"
L'ha presa in prestito
quel mostro per baratto,
te la ritornerà solo se vinci
lottando per la vita...
La pelle che s'asciuga e disidrata
perde la passeggera sua bellezza
scarno è il viso cerchiati gli occhi
hai incontrato il mostro
ch'è riuscito a farti la sua preda...

DOLORE E INDIFERENZA.

Ancora qui nel vano
rilassarsi della mente.....
L'inevitabile senso di disgusto
e di sgomento, una sensazione
che sa di nausea imminente
non è il dolore fisico a spossarti
ma l'indifferenza o forse
il dispetto che ti fa la vita
e la gente che di te
non ha capito niente...
Vivere con inerzia in questo stato
che invalidando il corpo
lo costringe al riposo forzato
mentre il pensiero iperattivo
continua la sua corsa...
Speri che un miracolo
illumini la mente di chi ha
più ignoranza che ragione...
Di colui che si affaccia alla finestra
non vedendo panorami
ma la propria immagine riflessa...

LA FERITA DEL CUORE.

La chiara luce svegliava il tormentato sonno
sul viso i segni di quella che non era una carezza
ma qualcosa che meglio resti nell'oblio....
Il trucco, il bluastro livido non nasconde
lo specchio te lo rammenterà per giorni.
A bruciare non il dolore, è la ferita inferta al cuore
non guarirà con le lacrime che scorrono nel cuore
possono a mala pena lenire la tua pena....
Perdonerai ancora, un'altra volta
cerchi di capire, superi il dolore.
E stillano gli occhi lacrime amare
quando ti ritroverai ad accarezzare
la mano che ti colpirà perdendo la ragione.
Ricordando un giorno la tua storia penserai
non sia tua forse qualcuno te l'ha raccontata.
Gli anni maturano la mente anche di chi sembra
non voler cambiare niente l'età rende più fragile
anche chi sembrava un mostro senza cuore.
La vita non esente da dolori da pene
che la rendono infernale se non fosse
che comunque splende il sole scaldando il gelo
che s'insinua nel cuore....Sopra ogni cosa
c'è la bontà Divina che non tradisce mai
il tuo pensare e la fiducia e lì che la riponi
ogni sera prima di dormire.
Dormire, anche questo una chimera
l'insegui ogni notte per ore e ore
prima che si conceda a te per qualche ora....

POVERO CUORE.

Tanto e tanto e tanto dolore...
Sei stato sempre compagno di vita
tanto soffrire non si può spiegare...
Troppo onesto il mio pensare
non regge il confronto con questa vita
che s'allontana da ogni forma d'amore...
E batti e batti mio povero cuore
dentro il mio petto ti sento scoppiare
sento la colpa sia proprio mia
se adesso da me vorresti andar via...
Ti ho logorato e passavano i giorni
e poi i mesi e poi gli anni
non ti ho protetto e adesso stai male
le tue ferite non riesco a curare...
Ti fascerò ancora una volta
nasconderò le antiche ferite
io le ho permesse a chi non dovevo....
Si, piangerò ancora mio povero cuore
e il tuo dolore riuscirò appena a lenire....
In Dio la fede voglio riporre
ancora una volta senza crollare
sperando che almeno domani
riesca a portarmi un po' meno dolore...

AMICIZIA FINTA

Non so più che farmene dell'amicizia finta
come le belle parole solo per convenienza
Vorrei affetti veri oppur restare sola...
Non c'è intemperia che possa uccidere
il vero affetto e un'amicizia vera...
Solo la finta amicizia è destinata a morire
appena si presenta l'occasione giusta
non supera la prova...
L'amico vero per la vita non ti abbandona
non ti baratta e non ti lascia sola...
L'amico è per sempre e non c'è storia
che possa allontanarlo da un'amicizia vera ....

ETERNA ROMA CITTA'

Un ricordo sbiadito dal tempo passato...
Il mio treno si ferma stazione di Roma
scendendo mi volto....
Proprio lì davanti ai miei occhi
il grande arco l'uscita di quella stazione...
La porta di Roma città...
Un gran desiderio m'assale
vorrei correr la fuori
girare ogni strada andare
per l'eterna città vista
solo sui libri sulle riviste in tv...
E' strano un'arcano pensiero
come se appartenessi a quel luogo...
Là fuori la città tanto e soltanto sognata...
Eterna Roma città chissà
un giorno da te io verrò...
Il Colosseo la fontana di Trevi
la piazza Navona la bocca della verità...
Chissà se ne han voglia
di vedermi passare di là.
Quel giorno il fischio del treno
mi riporta alla realtà....
Il mio viaggio prosegue
a Visso qualcuno mi aspetta
non c'è tempo per i miei sogni...
Il sogno di Roma rimane nel cuore...
e un giorno chissà....l'eterna città io vedrò.....

TU DONNA

Tu donna che scaldavi le notti
Tu donna che all'alba ti alzavi
Tu donna che nulla chiedevi
Tu donna che tanto eri....
Onore rispetto amore
nel focolare che costruivi e accoglievi...
Tu donna ...madre moglie e compagna
eri tanto e non ti perdevi
negli inutili e vani discorsi
finché ti rapì il progresso
portando la tua vita di
madre del genere umano
alla pari dell'uomo che
il senso di te non aveva capito...
Non è il conquistato diritto
che ti ha messo alla pari dell'uomo...
Una donna vera è uguale o forse di più
accanto a un uomo d'onore
che della donna ne fa sua regina
non un sol giorno ma tutta la vita....

40

DONNA

Donna che nelle notti insonni
scruti il tuo cuore nel suo grave arrovellarsi
tra cupi pensieri di torti mai avuti...
Trovi conforto nel tuo essere donna
senza dubbi e con la convinzione
che in questo mondo di rinomate usanze
in fondo resta l'essenza della vita...
e non sarà il progresso ne l'emancipazione
che faranno di te donna un essere alla pari
ma sarà chi con grande diligenza
farà di te un essere speciale
anche contro qualsiasi convinzione...
Donna resta fragile e forte
resta donna quello che sei,
e basterà l'amore rugiada della vita
a farti brillare tutti i giorni
e non un giorno solo...

INCEDERE ELEGANZA

Nell'incedere eleganza del tempo
che passa su prati verdi vellutati
ornati da piccoli fiori variopinti
in una primavera protesa a svanire
tra calde giornate di un'estate...
Con incedere eleganza i campi dorati di spighe
piegano il capo al vento caldo
tra papaveri rosso fuoco che si dispiegano
sui bordi di stradine di campagna...
Nell'incedere eleganza i passi del tempo
attraversano tappetti di foglie ingiallite e rossastre
che scricchiolando lievemente rompono il silenzio
in un autunno generoso di grappoli d'uva
pronti per il mosto espandendo un profumo
per le strade campestri dalle vecchie cantine a
nuovo ormai rimesse...
Nell'incedere eleganza di passi che si perdono
lasciando orme nel candore di una coltre
di candida neve luccicante in un inverno
che porta con se il profumo dell'olio fresco
di frantoio nell'aria opaca di nebbiolina fredda
un fumo fragrante si alza dal braciere
delle caldarroste...
Con incedere eleganza passano le stagioni e gli anni
lasciando segni indelebili negli animi
segnati da un passato poco generoso....
Animi umili che hanno così potuto
carpire il vero senso della vita...

MESCI NEL CALICE

Mesci e mesci nel calice amaro
mesci e mesci ancora dolore,
mesci senza alcuna pietà
e offri da bere a chi ti consola... mesci ancora
senza pensare che quel che dai è solo dolore
mesci ogni giorno senza pensare
che da quel calice anche tu dovrai bere
Offri e mesci nel calice amaro
pensando che mai dolore ti colpirà ...
sicuro hai quel tuo potere pensi che quello ti salverà
e mentre mesci per quel povero cuore
che di dolore ne ha già abbastanza
no non ti fermi nemmeno ti sfiora a quello
che potresti e non fai...e mesci e dai ancora da bere
fatica sudore e ancora dolore un giorno
Chi ha pietà dei miseri cuori
a se forte li stringerà ...e in quel calice amaro
proprio lì per te mescerà.....

I FIGLI DELL'ETNA

Un rombo infernale ti pulsa nel cuore,
trema la terra al tuo battito nuovo,
ribolle il tuo sangue a rivoli scorre…
S'innalza nel cielo una nuvola scura,
di fuoco e lapilli Il cielo s' accende…
Sui fianchi il tuo fuoco
fa strade impetuose.
Coprendo ogni cosa,
ne' dolore ne' pena…
Modelli e cambi, il tuo paesaggio,
modelli e rinnovi ogni tuo orizzonte,
circondi accarezzi i tuoi paesaggi,
senza toccare dei tuoi figli focosi,
le loro dimore…
Sempre a te saranno legati,
li minacci ma non li spaventi…
I figli dell'Etna non hanno paura
e le tue falde mai lasceranno…

UN'ALTRA VITA

Giorni di sole e di pioggia
giorni sereni e grigi
notti di grandi sconfitte
e giù sempre più a fondo
nel cogliere il senso
di cosa ti sta logorando...
Tempo che respiri la vita
sfuggente nella sua labile essenza
nei tramonti e nell'albeggiare dei giorni
troverai risposte di una vita
vissuta nell'ombra...
non sarà questo per sempre
un giorno lontano nel tempo
sarà l'aurora di un'altra vita in eterno...

LE GINESTRE FIORITE

Le ginestre di giallo vestite
Il profumo inebriante nell'aria
come fosse arrivata l'estate...
primavera immolata al progresso
che turba l'equilibrio del tempo..
I lilla appena sbocciati appassiti,
il profumo rimane nell'aria
solo l'attimo che gli è concesso
da un'afa che non perdona...
Cinguettii d'uccelletti un po' stanchi
in una primavera che non sa
né d'estate né d'autunno
ma di mera tristezza
per la natura tradita
da chi si fa beffa del sano equilibrio
per la brama d'insana ricchezza...

ETNA MUSA MIA

Etna musa mia
sovrasti la mia vita e il mio paese...
Lì come sentinella tra la terra e il cielo
come amorosa madre ci proteggi
dalle intemperie e dagli uragani devastanti
frutto d'un equilibrio compromesso...
Giorni sereni passi fumando dolcemente
per poi tornar di nuovo a brontolare
treman i tuoi fianchi esplode la tua rabbia
verso l'ingiusta vita di questo tempo...
Ricopri i tuoi verdeggianti fianchi
di nera cenere e lapilli...
I tuoi vigneti e gli ulivi secolari
che elargiscono il nettare degli dei....
anche quando tutto il nero copre,
non sarà mai sterile questa terra..
di fiori rosa e di ginestre gialle
adorni la nera roccia a primavera
come un miracolo s'avvera
ad ispirar come sempre la mia poesia..

E SI PERDONO

E si perdono nel tempo
lembi logori d'amaro vissuto
mentre Eolo rapisce sospiri
e lambisce con forza
un cuore già provato,
dallo scorrere del sangue
contagiato dalle scorie
di cattivi sentimenti...
e l'invidiosa ira come franoso fango
trascina nella melma
distruggendo ogni cosa
non lasciando nemmeno l'amore
che di luce riempiva questa casa....
Almeno quello da salvare ad ogni costo
tra i resti di macerie rapite
dalle frane della vita...

NEL CINEREO CIELO.

Nel cinereo cielo di Maggio
in un giorno che ha spento i colori
come un velo si coprono
i fiori appena sbocciati
ornamento di prati e giardini...
Pioggerella che bagni le rose
che colmi il calice delle calle
come lacrime tristi accompagni
la natura che soffre
di noncuranza e follia...
Si rattristano ancora le ore
che vagando avanti nel tempo
nella nebbia di strani pensieri
si consumano senza ragione
nel cinereo cielo di maggio...

VIA NEL VENTO

Vorrei andar via nel vento
tra le nubi che si colorano al tramonto
con pastelli che lo sfumano
tra il rosa e il turchese ...
e posandosi sui monti
li accarezzano dolcemente...
Vorrei sentire tra i capelli
il tepore degli ultimi raggi
che ti scaldano accarezzandoti la fronte
mentre il buio della notte
piano piano ti nasconde...
Quando, andrò via per sempre
da un mondo che col suo giogo non da pace
cancellando dal tuo viso
ogni traccia del sorriso
che la vita non ti aveva regalato
ma solo prestato per un tempo...
Quando andrò via nel vento
che cancella quelle tracce del passato
lasciando solo dei ricordi
dal tempo affievoliti
vorrei solo che una nube mi coprisse
per salvare quel che resta di una vita....

UN SEMPLICE FIORE.

Se fiorisce l'asfalto
macchiato di sangue,
chi pone mente, che un semplice fiore
laverà l'onda di tanto dolore...
Semplice, candida la margherita
che dai petali spogliano
in quel m'ama non m'ama
le dita tremanti degli innamorati....
Ancora attuale, l'antico
pensare che in un fiore
ci sia conferma o negazione d'amore...
Un semplice fiore può solo far si
che umili e puri restino,
la mente e quel cuore
che credono ancora
in una vita migliore...

NELLA NEBBIA I MIEI MONTI

Quella nebbia avvolge i miei monti
non sa per nulla dell'umido autunno...
come un vetro appannato nasconde
i contorni indefiniti e lontani...
L'azzurro ormai stanco li avvolge
nell'opaco cielo di maggio...
il sole non torna brillante ..
ma di un giallo oro ormai spento
la natura lussureggiante
di un triste velo si veste....
mentre arde la terra s'appresta
a veder morire le piante..
Il progresso che stronca impietoso
non si ferma nemmeno di fronte
alla morte che annichilisce la vita...
E si perdono nella nebbia i miei monti..

SE CHIEDI

Se suoni ai campanelli di porte
che hanno chiuso i battenti...
Se chiami a quel numero
che non risponderà più dall'altra parte...
Se chiedi alla notte di accendere le stelle,
quelle che il fumo dell'inquinamento
ormai ha spente per sempre...
Se chiedi alla luna di rischiarare la notte
e cercare inutilmente chi da questo mondo
è andato via senza ritorno...
Se chiedi al sole di riscaldar l'inverno
che avvolge i rinsecchiti rami
lasciati dalle foglie strappate
via dal gelido vento...
Se chiedi al progresso
di fermare lo scempio che con insana
incoscienza fa si che tutto
continui a perdersi nel nulla..
Se chiedi alla vita di
non lasciare spazio alla morte
ti risponderà che non hai dato
abbastanza per chiedere tanto....

COSA RESTA

Cosa resta della dolce attesa della vita...
che sbocciando all'alba di una notte
senza stelle di luce la inonda...
Cosa resta dell'ingenua bellezza
lì negli occhi e sulle gote
di quel viso adolescente
nel sorriso di una foto senza tempo...
Cosa resta dell'infinita dolcezza
che illumina e nasconde quell'angelo
che all'ingiusta vita darà spazio...
per paura di non essere all'altezza
in un tempo che ti dona e poi ti toglie...
permettendo d'offuscare il vero sentimento...
Cosa resta di una nube che nel vento
cambia forma e si dissolve
come gli amori finiti
appena nati in questo tempo...
Cosa resterà del vero amore confuso
da un egoismo che come il gelo
solo nella notte trova spazio.....

TRAMONTO SUL MARE.

Il sole stanco, s'immerge nel mare
avvolgendo i suoi raggi come se
non dovesse più tornare....
Tutto il giorno ha bramato
un po' di refrigerio da quel mare
che all'ultima ora finalmente si concede...
Ed il cielo s'accende di scarlatto
e le nuvole rosa per il suo riflesso.
E quel pezzo di cielo ch'è rimasto
tra una nuvola e l'altra
di turchese si veste...
A fior d'acqua luccichii
che sembrano brillanti...
Tra la fievole luce del tramonto,
leggere nuvole che corrono nel vento,
portando via pensieri e vite
che si sprecano nel tempo,
mentre potevano essere usate per il meglio.
I faraglioni si specchiano nel mare,
formando scie nell'acqua pittoresche,
tutto sembra un quadro di un pittore
che ha saputo cogliere il bagliore
della luce che intorno si diffonde,
a formare strade bianche e brillanti
sull'acqua appena mossa dalle onde.

PERDI INESORABILMENTE

Perdi la vita dove metti il cuore
perdi il tuo sonno dove posi il capo
non c'è cuscino che lo restituisca
se chi hai amato ti usa e poi ti getta
Perdi il cuore dove dai te stessa
perdi i giorni che indietro mai riavrai
perdi te stessa nell'amare
incondizionatamente
mentre c'è chi di questo
non gliene importa niente ...
perdi la gioia di vivere ogni giorno
mentre ti aspetti che si pareggi il conto...
perdi il sorriso nei giorni soli e bui
che ti daranno come ricompensa ...
perdi senza più ritorno
la giovinezza piena di energia
mentre la sabbia
nella clessidra scorre lenta...
ma inarrestabile, inesorabilmente...

SOLA E MUTA

Sola e muta...
la casetta dell'ulivo verdeggiante...
non si senton più le voci
di allegri commensali...
Ne vocii di bambini
che si contenton l'altalena...
Sola e muta, senza fumo il suo cammino
di quel forno che sfornava pane caldo
espandendo un buon profumo
tra il boschetto delle querce...
Il tempo cambia ogni cosa
muta il percorso della vita
nel progresso che trasforma
e distrugge quel che resta
di un tempo ormai passato...
Sola e muta, in una domenica
che si veste di speranza la mattina
per finire con il sole
lì tra i monti che declina...

TAORMINA

Creata lì sulla roccia
per catturare i primi raggi del sole
e farne gioielli...
Raffinata antica terrazza
che ti affacci sul mare
e l'Etna scorgi
tra le pietre dell'antico teatro
dove attori inscenano
il loro magistrale spettacolo...
Dalle sirene del mare
raccogli i canti di antiche melodie
tra il profumi di zagare
aspri odori di agrumi
che spinti dai venti salmastri
vanno verso i tuoi vicoli
per farne musica che accompagni
la tua antica bellezza...

RINGRAZIAMENTI

Vorrei ringraziare ad uno ad uno tutti gli amici che hanno apprezzato e commentato ciò che scrivo, chi ha generosamente partecipato alla realizzazione delle mie pubblicazioni acquistando ma soprattutto leggendo i miei libri cito qualcuno in ogni mio libro ...dedicato a voi che mi seguite costantemente.....

Ringrazio Adele Libero che ha scritto per me ...Così ..... la poetessa, che è anche brava pittrice e spesso arricchisce le sue sillogi con quadri e ritratti della natura, racconta in "Ali del cuore" la sua vita difficile. Di adolescente "defraudata" di una fanciullezza mai esistita"... di dolori ed avversità che le hanno spezzato il cuore. Ciò nonostante, grazie proprio alle sue ali, essa è in grado di volare e di tornare a danzare perché in fondo "Non tutto è perduto".

Ringrazio Angela Eccher per la sue parole.... i tuoi paesaggi parlano da se', ma tu sai aggiungere sempre una pennellata personale , una tua griffe ricca di messaggi...sei bravissima nel cogliere le sfumature piu' nascoste di una natura superba.....sei bella e forte come una pianta d'ulivo antica e sempre nuova al tempo stesso

Santina sei profondamente legata alla tua terra e sai coglierne i particolari piu' nascosti i tuoi paesaggi parlano da se', ma tu sai aggiungere sempre una pennellata personale , una tua griffe ricca di messaggi bei giochi di luci e ombre ti piacciono gli animali, mi sembra, ti stai affinando nella tua capacita' di ricerca nella natura umana ed e' molto bello e consolante questo tuo lavoro....ecco una poesia di fine analisi che ci porta quello che e' il vero fine della vita.. questa natura lussureggiante e' una espressione della grandezza di un essere che e' l'inizio e il fine di ogni cosa...

Grazie a Giovanna che anche se ci conosciamo da poco ha voluto leggere tutti i miei libri.... Lei dice di me.... sei una persona eclettica che sulla tela dell'anima dipingi meravigliosamente.... Ho letto nuvole che corrono è molto bello, ti mette addosso un velo di malinconia per un passato che non tornerà più ed un presente che ti fa soffrire.... Sono entrata in empatia con tutto quello che hai scritto, mi ha commosso tanto....

Grazie a Vassilliky Puliudii che mi scrive dalla Grecia.... quetse parole <<Non solo su facebook in una edizione più rispettata ...lo so lo vedo ma scusami secondo me valgono tanto rispetto ...molto più di questo ...perchè metti te stessa un'aria , un mondo che inizia a scomparire ..un mondo troppo bello....oooo mi piacciono molto Si grazie ma lo devi pensare veramente non e gentilezza e la pura verità ...per me sei una voce come e la goccia alla Sacharaa una voce che la dobbiamo diffondere in tutto il mondo credimi non ti dico queste parole per cortesia e la pura verità ♡♡♡

Indice

Immagini: Foto mie miei quadri olio su tela

68

www.ingramcontent.com/pod-product-compliance
Lightning Source LLC
Chambersburg PA
CBHW050514290526
45786CB00007B/2560